unicorn WORDSEARCH

Capella

This edition published in 2021 by Arcturus Publishing Limited
26/27 Bickels Yard, 151–153 Bermondsey Street,
London SE1 3HA

Copyright © Arcturus Holdings Limited

All rights reserved. No part of this publication may be reproduced, stored in a retrieval system, or transmitted, in any form or by any means, electronic, mechanical, photocopying, recording, or otherwise, without prior written permission in accordance with the provisions of the Copyright Act 1956 (as amended). Any person or persons who do any unauthorized act in relation to this publication may be liable to criminal prosecution and civil claims for damages.

Author: Ivy Finnegan
Designers: Rosie Bellwood and Ms. Mousepenny
Illustrator: Natasha Rimmington

ISBN: 978-1-3988-1030-3
CH010017NT
Supplier 33, Date 0921, Print run 11498

Printed in China

Unicorn Friends

DRAGON   PHOENIX   TROLL
FAIRY   PIXIE   UNICORN
~~GIANT~~ PRINCESS ~~WITCH~~
MERMAID RAINBOW   WIZARD

X	N	L	L	O	R	T	W	K	S	D	R	V	O	Z
S	C	W	Z	F	B	W	F	J	Z	E	G	L	S	W
E	Q	Q	W	L	Y	S	U	B	G	O	I	B	R	Q
H	C	Y	F	V	Y	I	Q	N	K	U	A	M	N	G
O	D	U	K	A	H	A	M	G	I	V	N	A	N	Y
L	N	V	O	T	D	W	K	E	S	C	T	U	W	J
L	Q	T	P	R	L	O	W	R	R	H	O	C	G	O
R	Y	R	Q	I	F	B	P	I	S	M	K	R	P	H
X	X	Z	H	T	X	N	B	Y	T	I	A	U	N	I
I	Y	L	J	F	H	I	S	S	E	C	N	I	R	P
N	R	Q	D	X	N	A	E	V	E	P	H	U	D	N
E	I	M	V	X	O	R	N	H	D	E	H	C	B	X
O	A	D	G	I	T	Y	A	I	W	R	H	W	Q	Q
H	F	J	R	D	R	A	G	O	N	R	U	Y	L	H
P	P	V	S	B	F	L	B	W	I	Z	A	R	D	N	W

Tea Time for Unicorns

- BANANA SPLIT
- CANDIED PLUMS
- CHERRIES
- CHOCOLATE BARK
- GLITTER S'MORES
- MARIGOLD PETALS
- PEACH MELBA
- PINK POPCORN
- SPRINKLES
- SPARKLE TOAST
- STRAWBERRIES
- VANILLA CUPCAKE

C	W	F	M	N	S	N	S	O	T	O	W	S	N	R
Z	R	E	A	L	Z	R	E	R	H	Y	M	M	L	K
H	S	K	R	C	I	O	I	T	K	X	D	U	S	P
L	P	A	I	H	S	C	R	C	K	T	J	L	E	E
T	R	C	G	O	P	P	R	H	A	I	H	P	R	A
K	I	P	O	C	A	O	E	E	E	L	L	D	O	C
Q	N	U	L	O	R	P	B	R	M	P	Y	E	M	H
R	K	C	D	L	K	K	W	R	K	S	P	I	S	M
G	L	A	P	A	L	N	A	I	G	A	N	D	R	E
Z	E	L	E	T	E	I	R	E	R	N	Z	N	E	L
N	S	L	T	E	T	P	T	S	V	A	A	A	T	B
O	R	I	A	B	O	O	S	C	L	N	V	C	T	A
Y	X	N	L	A	A	Q	W	V	Q	A	E	G	I	J
O	P	A	S	R	S	R	T	F	O	B	L	R	L	U
N	B	V	I	K	T	H	S	Q	F	L	V	R	G	V

Unicorn Careers

ATHLETE
CIRCUS MASTER
CLOUD ENGINEER
DOCTOR
DREAM CASTER
FASHION DESIGNER
MOVIE DIRECTOR
PARTY PLANNER
QUEEN
STORM CHASER
STORYTELLER
YOGA TEACHER

C	T	R	E	H	C	A	E	T	A	G	O	Y	E	Q
P	A	R	T	Y	P	L	A	N	N	E	R	N	W	L
P	J	C	C	K	L	I	D	O	C	T	O	R	C	F
X	N	R	E	T	S	A	C	M	A	E	R	D	C	D
E	H	R	E	S	A	H	C	M	R	O	T	S	B	B
R	O	T	C	E	R	I	D	E	I	V	O	M	N	E
T	O	I	F	X	T	V	U	F	C	R	S	C	N	Y
R	E	E	N	I	G	N	E	D	U	O	L	C	R	F
N	O	W	Q	M	L	K	I	B	Y	F	Y	X	K	J
H	L	E	F	L	V	J	Q	I	O	G	D	U	J	T
F	A	S	H	I	O	N	D	E	S	I	G	N	E	R
R	E	T	S	A	M	S	U	C	R	I	C	P	E	Y
X	D	X	J	Y	Z	V	H	A	T	H	L	E	T	E
N	D	T	G	I	K	Y	K	V	Q	U	E	E	N	I
R	E	L	L	E	T	Y	R	O	T	S	G	A	B	Z

Silver-Screen Unicorns

FANTASIA
LAST UNICORN
LEGEND
LILLIFREE

LITTLE UNICORN
MOONACRE
MY LITTLE PONY
NICO THE UNICORN

STARDUST
TINTIN
TOY STORY
UNICO

K	W	A	B	A	K	T	N	P	F	A	N	J	P	D
M	T	D	A	O	N	U	N	D	T	B	E	N	O	P
Y	S	N	E	C	M	W	I	N	P	Z	Z	R	E	X
L	U	R	Y	I	Q	U	C	E	P	Q	O	O	E	W
I	D	O	Y	N	D	F	O	G	P	Y	O	C	R	L
T	R	C	L	U	K	A	T	E	J	Q	M	I	F	D
T	A	I	D	F	O	T	H	L	Z	E	W	N	I	W
L	T	N	U	A	A	O	E	P	S	M	U	U	L	X
E	S	U	M	N	W	Y	U	T	V	O	T	E	L	E
P	P	T	A	T	V	S	N	E	I	O	W	L	I	I
O	A	S	W	A	I	T	I	C	Z	N	I	T	L	G
N	W	A	B	S	E	O	C	R	J	A	T	T	U	D
Y	E	L	W	I	Z	R	O	A	F	C	O	I	P	O
U	R	S	E	A	L	Y	R	K	B	R	O	L	N	Y
A	Q	A	G	C	Y	B	N	F	Y	E	O	H	I	B

Over the Rainbow

AMBER
BLUE
CLOUD
GREEN

INDIGO
LIGHT
MAGENTA
ORANGE

PURPLE
RED
SPECTRUM
YELLOW

U	E	I	M	X	A	Y	M	I	C	G	U	L	V	G
V	L	B	A	O	V	X	A	O	P	L	J	F	W	H
N	D	Y	T	T	M	E	G	N	A	R	O	K	Z	L
E	E	K	C	L	U	Y	E	L	L	O	W	U	Y	G
E	Q	A	X	A	Q	Y	N	U	Q	L	G	Y	D	A
R	Y	Y	Z	Y	P	A	T	S	L	D	E	R	D	L
G	T	V	Z	C	J	U	A	J	P	B	H	Q	E	J
Z	I	R	Y	O	H	T	Z	C	F	R	S	L	V	K
F	J	E	V	O	G	I	D	N	I	I	P	I	S	B
P	L	B	S	Z	E	G	H	T	R	R	E	G	R	Q
N	I	M	T	O	S	Y	Z	X	U	I	C	H	P	P
T	I	A	J	Q	I	S	J	P	Z	F	T	T	R	M
P	F	M	M	T	U	I	T	P	M	T	R	C	Q	F
Z	D	K	T	U	G	Z	C	Z	J	K	U	R	T	Y
L	R	R	P	T	Q	A	Z	Z	X	G	M	C	A	R

Names for Girl Unicorns

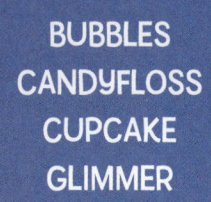

BUBBLES
CANDYFLOSS
CUPCAKE
GLIMMER

INDIGO
JINGLES
MISTY
MOONBEAM

SAPPHIRE
SNOWFLAKE
STARLIGHT
SUNBEAM

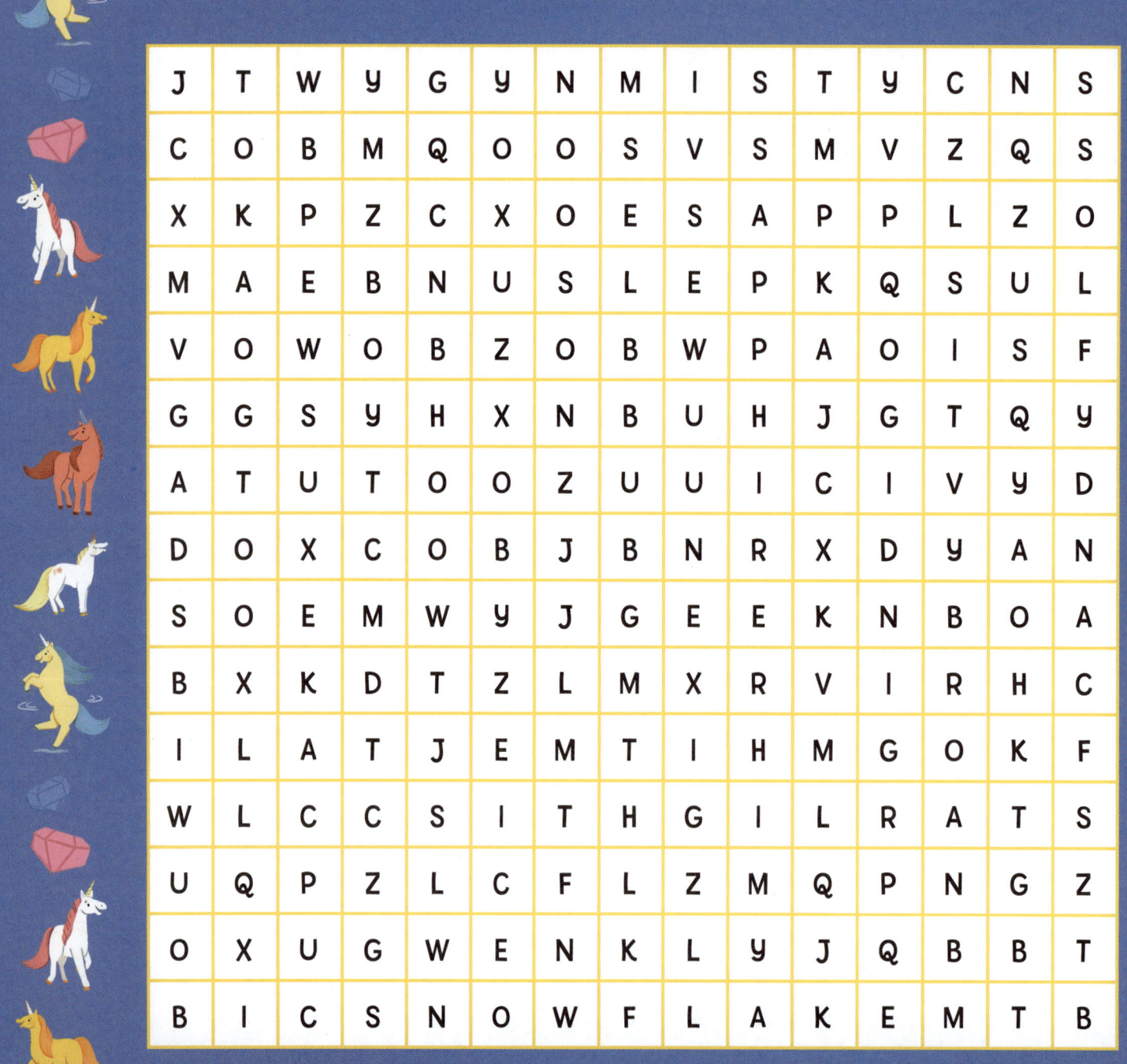

J	T	W	Y	G	Y	N	M	I	S	T	Y	C	N	S
C	O	B	M	Q	O	O	S	V	S	M	V	Z	Q	S
X	K	P	Z	C	X	O	E	S	A	P	P	L	Z	O
M	A	E	B	N	U	S	L	E	P	K	Q	S	U	L
V	O	W	O	B	Z	O	B	W	P	A	O	I	S	F
G	G	S	Y	H	X	N	B	U	H	J	G	T	Q	Y
A	T	U	T	O	O	Z	U	U	I	C	I	V	Y	D
D	O	X	C	O	B	J	B	N	R	X	D	Y	A	N
S	O	E	M	W	Y	J	G	E	E	K	N	B	O	A
B	X	K	D	T	Z	L	M	X	R	V	I	R	H	C
I	L	A	T	J	E	M	T	I	H	M	G	O	K	F
W	L	C	C	S	I	T	H	G	I	L	R	A	T	S
U	Q	P	Z	L	C	F	L	Z	M	Q	P	N	G	Z
O	X	U	G	W	E	N	K	L	Y	J	Q	B	B	T
B	I	C	S	N	O	W	F	L	A	K	E	M	T	B

Unicorn Sports

AQUA AEROBICS
BALLET
DIVING
FOOTBALL

GYMNASTICS
HIGH JUMP
HURDLES
LONG JUMP

MARATHON
SOFTBALL
SPRINT
SWIMMING

G	Q	V	P	M	O	T	M	N	I	B	X	P	Q	E
N	G	G	M	M	T	T	E	H	F	Z	F	D	B	X
I	G	S	U	S	A	S	J	T	E	L	L	A	B	W
M	I	A	J	P	P	R	P	W	G	U	M	K	W	E
M	A	Q	G	K	M	M	A	N	W	W	E	X	L	O
I	G	U	N	M	R	K	U	T	L	X	P	Y	G	P
W	Y	A	O	X	C	Y	N	J	H	Y	L	K	W	D
S	M	A	L	N	F	I	R	M	H	O	Y	U	E	B
D	N	E	J	Z	R	O	T	P	S	G	N	J	Z	P
M	A	R	W	P	F	P	O	E	G	N	I	V	I	D
U	S	O	S	Z	J	O	L	T	R	P	V	H	G	V
J	T	B	F	M	H	D	P	F	B	B	R	L	A	M
I	I	I	S	J	R	X	Z	O	I	A	V	R	A	D
N	C	C	H	U	O	R	U	R	R	C	L	N	N	S
W	S	S	H	W	E	S	O	F	T	B	A	L	L	S

Unicorn Loves

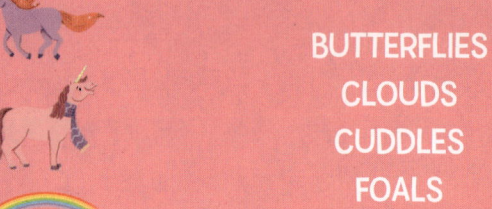

BUTTERFLIES · FRIENDS · RELAXATION
CLOUDS · ILLUSION · SLEEPOVERS
CUDDLES · KISSES · SWEETHEART
FOALS · MITTENS · VISITING

W	C	W	V	Y	M	K	C	E	H	U	Q	L	M	W
N	A	L	O	N	Z	P	L	Z	N	C	M	I	R	K
M	N	Z	O	K	E	D	V	I	S	I	T	I	N	G
I	H	X	F	U	E	G	U	N	D	T	B	N	T	A
F	Q	R	O	K	D	R	I	M	E	E	A	U	T	F
J	I	N	A	V	D	S	C	N	K	L	H	B	T	R
M	Z	O	L	T	S	S	S	M	A	P	V	H	P	I
B	M	I	S	W	E	E	T	H	E	A	R	T	J	E
C	X	T	I	K	B	F	A	U	X	X	H	E	T	N
P	T	A	E	C	U	D	D	L	E	S	C	T	F	D
T	O	X	R	B	U	T	T	E	R	F	L	I	E	S
L	B	A	H	C	I	Y	E	K	E	X	N	B	M	J
I	L	L	U	S	I	O	N	Q	Z	F	I	L	Q	S
S	S	E	S	S	I	K	Y	X	T	U	H	R	O	M
E	S	R	E	V	O	P	E	E	L	S	A	Y	Q	N

Queenicorn

BALL CROWN ROYALTY
CASTLE MOAT TIARA
CARRIAGE PRINCESS TOWER
CORONATION QUEEN WANT

G	A	X	C	A	X	R	T	I	C	M	F	Q	D	F
H	T	B	T	K	H	H	I	Z	O	A	S	Q	B	F
O	T	N	C	X	E	G	A	I	R	R	A	C	R	G
C	A	N	P	A	P	V	R	V	O	Z	P	E	W	D
W	F	W	D	S	R	A	A	X	N	K	W	M	J	W
R	H	O	A	Y	I	V	V	Z	A	O	W	B	K	T
O	I	R	N	Z	N	Q	Q	C	T	W	H	I	M	A
Y	X	C	K	L	C	U	K	A	I	P	J	Q	C	O
A	K	J	B	U	E	B	L	D	O	U	C	E	W	M
L	A	H	T	E	S	A	L	F	N	B	B	M	P	K
T	X	Y	N	Q	S	L	V	E	T	Z	I	I	F	Z
Y	S	C	A	S	T	L	E	J	O	R	P	D	Z	T
B	V	X	H	U	T	N	N	L	G	W	D	H	W	C
L	G	G	L	R	O	G	H	I	Z	D	M	A	B	R
E	S	L	D	G	W	F	V	O	A	H	V	W	J	B

Unicorn Forest

ANIMALS
CANOPY
CLEARING
FAWN

FLOWERS
GLADE
MICE
MOSS

PUDDLES
SQUIRREL
TREES
WOODLAND

W	C	G	E	S	O	Y	W	W	S	K	S	B	T	J
A	Z	Z	I	Q	M	Q	V	A	N	F	D	C	R	R
F	L	S	F	U	O	U	Q	Q	S	W	Q	H	E	G
W	L	D	W	I	S	N	T	A	E	W	F	S	E	N
X	G	Z	S	R	S	D	O	L	O	F	D	C	S	E
E	S	Q	Y	R	F	S	U	O	Q	C	E	W	Y	C
J	L	N	M	E	U	E	D	M	W	D	A	U	I	I
M	A	D	N	L	H	L	C	C	T	V	S	G	X	M
S	M	T	O	Q	A	D	M	L	T	R	U	Y	T	W
V	I	B	E	N	F	D	Y	H	E	V	E	P	B	K
P	N	N	D	S	U	U	A	W	B	A	L	K	U	I
W	A	Q	W	D	Y	P	O	P	O	S	R	Y	N	N
T	A	J	F	A	O	L	F	S	L	N	Z	I	L	O
B	E	D	B	A	F	C	A	N	O	P	Y	N	N	S
A	N	X	C	B	W	H	Y	P	K	E	D	A	L	G

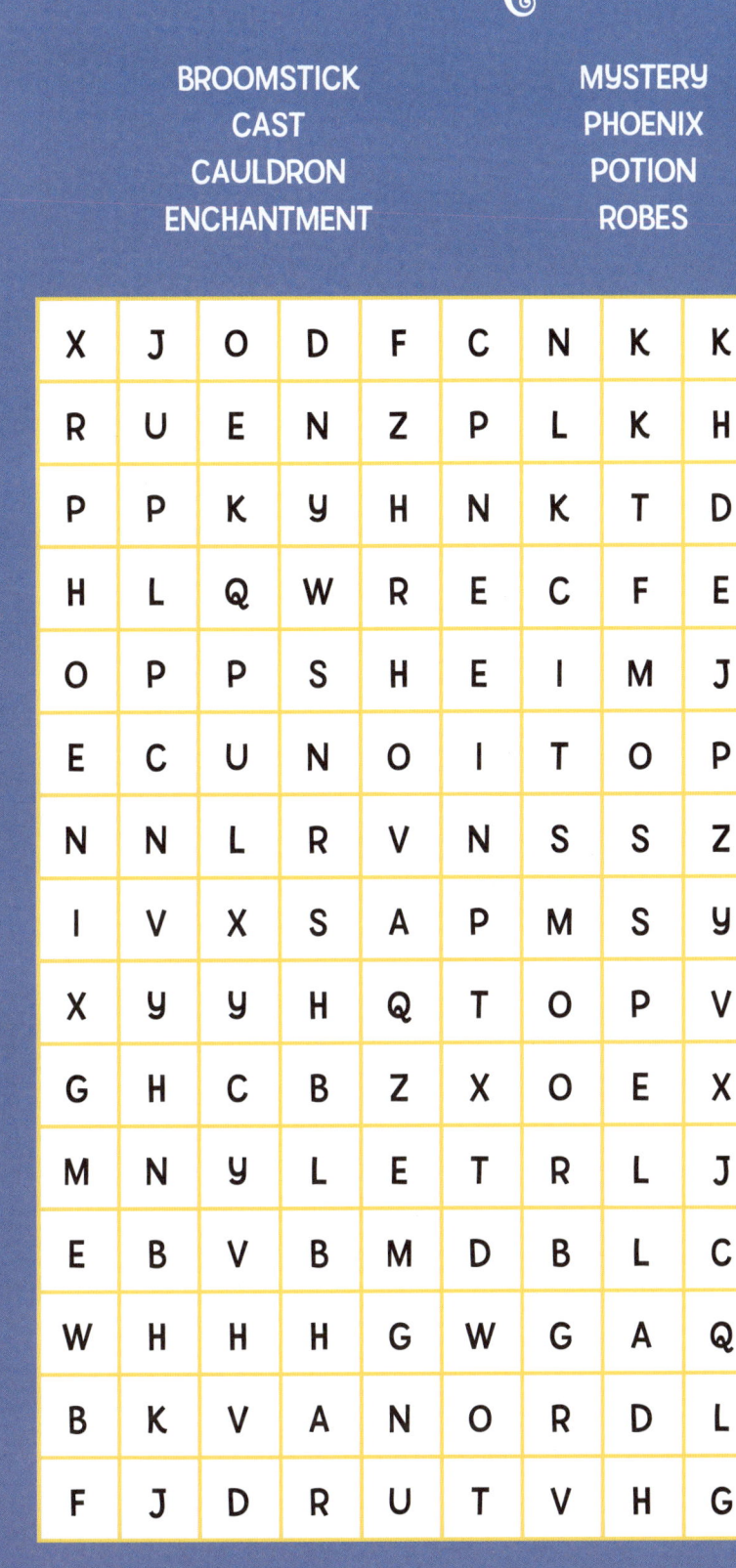

It's a Kind of Magic

BROOMSTICK MYSTERY SPELL
CAST PHOENIX SWISH
CAULDRON POTION WAND
ENCHANTMENT ROBES WISH

X	J	O	D	F	C	N	K	K	D	R	R	I	F
R	U	E	N	Z	P	L	K	H	Z	T	O	P	A	K
P	P	K	Y	H	N	K	T	D	N	A	W	B	G	I
H	L	Q	W	R	E	C	F	E	L	J	X	L	E	O
O	P	P	S	H	E	I	M	J	Z	R	A	Z	D	S
E	C	U	N	O	I	T	O	P	N	Y	M	I	S	I
N	N	L	R	V	N	S	S	Z	X	Z	Q	X	Y	S
I	V	X	S	A	P	M	S	Y	H	S	I	W	Z	E
X	Y	Y	H	Q	T	O	P	V	M	W	E	G	S	W
G	H	C	B	Z	X	O	E	X	W	I	Z	M	S	L
M	N	Y	L	E	T	R	L	J	I	S	Y	T	Z	V
E	B	V	B	M	D	B	L	C	X	H	Q	Q	R	P
W	H	H	H	G	W	G	A	Q	I	C	A	S	T	M
B	K	V	A	N	O	R	D	L	U	A	C	O	Z	G
F	J	D	R	U	T	V	H	G	T	O	I	Y	O	Z

Mane, Body, and Spirit

CURLERS
EXERCISE
EYE CREAM
EYEDROPS

HAIRBRUSH
HOOF POLISH
LIP BALM
MAKE-UP

MANE SHINE
MOISTURIZER
TOOTHPASTE
VITAMINS

S	N	F	G	S	A	J	D	R	U	G	M	H	U	M
U	U	H	H	W	S	P	E	M	K	O	H	R	L	O
M	V	K	D	V	B	X	B	P	I	S	Z	A	I	Q
E	I	Q	Y	M	E	F	M	S	U	I	B	L	D	Q
Y	U	Z	W	R	X	I	T	R	E	P	E	U	M	Y
E	Z	L	C	J	X	U	B	D	I	N	T	T	A	B
C	D	I	N	E	R	R	X	L	I	O	S	S	R	Q
R	S	H	K	I	I	R	Q	H	S	F	A	N	Z	M
E	F	T	Z	A	D	C	S	Q	R	E	P	I	S	C
A	P	E	H	N	Z	E	V	S	E	O	H	M	P	T
M	R	M	S	O	N	O	U	T	L	W	T	A	P	Q
P	U	E	K	A	M	P	Z	R	R	M	O	T	V	V
N	Y	T	M	K	B	B	D	Q	U	H	O	I	J	P
S	P	O	R	D	E	Y	E	U	C	Y	T	V	X	X
Z	R	T	H	S	I	L	O	P	F	O	O	H	V	P

Let's Fly Away!

- ALICORN
- BREEZE
- CLOUDS
- EFFORTLESS
- FLUTTERING
- GLIDING
- GOSSAMER
- MAJESTIC
- MOONLIGHT
- PEGACORN
- PEGASUS
- WINGS

G	N	A	M	T	J	E	A	P	Q	V	T	T	G
N	R	N	A	P	Z	P	S	S	L	N	M	M	H	N
E	M	W	P	E	E	Z	E	P	R	Y	X	U	G	I
K	P	K	E	G	T	G	F	N	W	H	I	X	I	D
Z	N	R	A	L	X	D	F	R	B	O	N	W	L	I
G	B	S	G	S	Q	H	O	O	S	G	R	C	N	L
O	U	W	I	N	G	S	R	C	A	C	O	V	O	G
S	N	I	W	C	I	P	T	I	U	L	C	O	O	G
S	O	S	N	K	I	R	L	L	Q	O	A	F	M	E
A	G	S	U	L	H	T	E	A	F	U	G	V	S	R
M	W	F	F	V	D	U	S	T	W	D	E	L	I	A
E	M	T	V	H	P	N	S	E	T	S	P	U	W	J
R	S	Q	N	R	B	G	S	O	J	U	C	W	J	J
G	Y	T	C	V	V	D	U	C	E	A	L	D	X	G
U	N	I	G	L	K	F	H	T	Y	T	M	F	M	T

Boy Unicorns

BRANDOR
CALYPSO
ELWYNN
JERESOW
LUCOS
MAFENDI
MAXWELL
OBERON
OONOR
SIDHARI
VIVIOS
ZORAH

U	B	N	V	W	P	Z	N	X	J	H	T	B	V	J
N	N	Y	W	L	E	O	H	H	D	P	B	D	K	F
K	H	L	L	E	W	X	A	M	V	Z	D	P	O	S
U	Z	W	M	B	A	Y	M	M	F	T	R	D	O	O
T	O	S	P	Y	L	A	C	Y	J	X	U	Z	H	C
D	V	K	V	C	F	A	S	I	V	P	K	Y	X	U
E	R	H	Q	E	G	I	O	L	S	D	Q	S	A	L
Q	T	H	N	Z	V	S	I	D	H	A	R	I	J	W
W	Q	D	E	Q	R	U	V	W	Y	V	J	I	O	E
G	I	A	K	K	O	R	I	L	I	D	M	S	E	O
H	A	R	O	Z	D	W	V	U	U	P	E	X	B	B
U	Z	O	H	G	N	E	Z	J	G	R	T	E	R	D
X	F	N	V	I	A	J	J	P	E	T	R	P	Q	A
H	G	O	N	G	R	C	V	J	Q	O	J	T	U	P
E	U	O	G	A	B	Z	S	U	N	Q	A	E	Q	R

Awesome Adventures

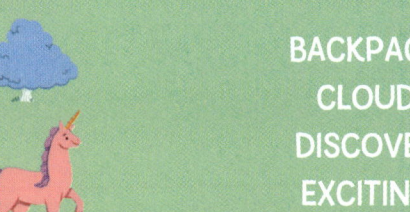

BACKPACK
CLOUD
DISCOVER
EXCITING

EXPLORE
HIKING
IMAGINATION
KNOWLEDGE

NATURAL WORLD
SCENERY
TRAVEL
WINGS

L	G	M	K	K	E	R	O	L	P	X	E	Q	T	T
X	C	U	P	U	P	X	N	Z	N	O	G	V	R	K
U	B	P	W	M	Z	H	C	W	O	X	E	A	A	P
G	R	D	W	H	J	J	V	I	I	N	A	D	V	L
Y	E	L	J	Z	Y	Q	D	Y	T	N	S	U	E	S
Y	V	R	T	V	K	U	Y	Q	A	I	G	O	L	C
I	O	O	V	N	N	Y	G	N	N	F	N	S	Q	E
T	C	W	V	X	O	G	O	P	I	A	A	G	B	N
S	S	L	E	D	W	C	H	U	G	B	B	D	A	E
S	I	A	H	H	L	E	I	O	A	H	S	U	C	R
C	D	R	X	A	E	X	K	F	M	K	B	O	K	Y
Q	D	U	M	C	D	J	I	X	I	T	Q	L	P	Q
Y	X	T	A	N	G	F	N	J	B	C	B	C	A	K
Q	C	A	V	T	E	E	G	W	Z	G	T	O	C	V
I	J	N	M	A	V	X	R	T	B	J	A	G	K	

Unicorn Summer

FAMILY
FRIENDS
HOT DOGS
ICE CREAM

LEMONADE
LOTION
PICNIC
POOL

SHADE
STORMS
TRIP
VACATION

U	M	K	Y	T	I	L	U	S	A	L	J	J	N	I
U	A	P	W	K	I	W	A	M	P	I	L	A	C	O
H	O	P	H	M	S	S	G	O	D	T	O	H	P	U
A	P	N	S	A	P	W	P	I	C	N	I	C	O	V
P	R	R	Q	E	F	A	O	F	W	F	A	W	L	B
R	H	D	X	R	D	A	D	A	E	E	S	Y	B	O
Q	M	E	O	C	P	A	M	X	R	Q	D	K	S	L
T	E	D	U	E	I	U	H	I	X	L	N	M	T	C
Z	A	A	W	C	R	M	H	S	L	G	E	T	O	F
A	G	N	O	I	T	A	C	A	V	Y	I	J	R	I
W	L	O	T	I	O	N	F	H	Z	I	R	V	M	Q
H	O	M	C	X	M	L	O	O	P	T	F	P	S	K
M	Z	E	N	W	G	Z	X	Z	I	G	D	D	V	Z
V	B	L	H	O	G	F	U	U	N	A	G	I	J	L
P	I	V	V	W	E	D	W	C	R	O	F	D	X	R

Unicorn Party

- BALLOONS
- BEST FRIENDS
- CELEBRATE
- CUPCAKE
- DANCING
- GAMES
- GLITTER
- HAPPINESS
- HAVING FUN
- PARTY FOOD
- SLEEPOVER
- SPARKLE

B	E	S	P	E	R	N	S	P	H	A	E	S	U	H
L	T	L	S	O	O	H	R	R	O	S	F	J	N	L
E	H	C	U	P	C	A	K	E	P	F	O	R	C	R
I	U	M	Y	W	H	L	A	V	E	J	S	I	E	O
O	G	A	E	B	A	L	L	O	O	N	S	L	L	T
G	G	A	L	N	R	U	S	P	A	W	E	A	E	D
L	E	N	M	O	T	I	H	E	T	E	N	R	B	O
I	R	R	I	E	S	E	U	E	T	L	I	R	R	O
T	J	E	H	C	S	T	F	L	O	K	P	N	A	F
T	E	D	H	H	N	I	I	S	A	R	P	B	T	Y
E	N	F	U	P	A	A	C	U	N	A	A	C	E	T
R	K	E	A	S	G	N	D	O	O	P	H	L	B	R
R	I	S	D	N	E	I	R	F	T	S	E	B	L	A
M	H	A	V	I	N	G	F	U	N	A	K	S	E	P
T	E	X	G	A	Z	N	G	I	A	M	E	R	A	I

Anatomy of Unicorns

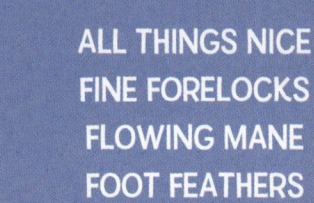

- ALL THINGS NICE
- FINE FORELOCKS
- FLOWING MANE
- FOOT FEATHERS
- MUSCULAR FLANK
- SAPPHIRE EYES
- SHIMMERY COAT
- SHINY TAIL
- SPICE
- SPIRAL HORN
- STRONG HOOVES
- SUGAR

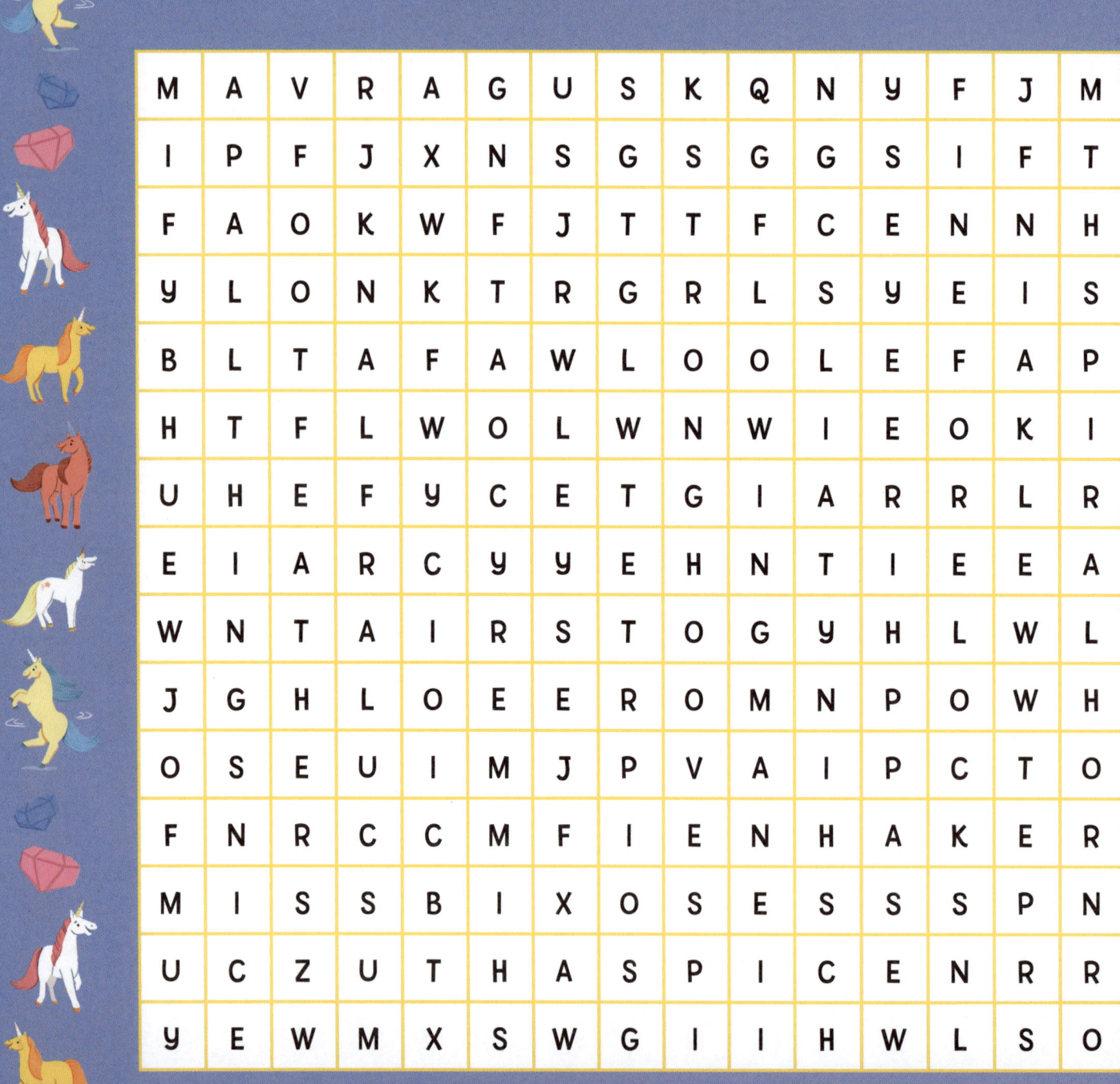

M	A	V	R	A	G	U	S	K	Q	N	Y	F	J	M
I	P	F	J	X	N	S	G	S	G	G	S	I	F	T
F	A	O	K	W	F	J	T	T	F	C	E	N	N	H
Y	L	O	N	K	T	R	G	R	L	S	Y	E	I	S
B	L	T	A	F	A	W	L	O	O	L	E	F	A	P
H	T	F	L	W	O	L	W	N	W	I	E	O	K	I
U	H	E	F	Y	C	E	T	G	I	A	R	R	L	R
E	I	A	R	C	Y	Y	E	H	N	T	I	E	E	A
W	N	T	A	I	R	S	T	O	G	Y	H	L	W	L
J	G	H	L	O	E	E	R	O	M	N	P	O	W	H
O	S	E	U	I	M	J	P	V	A	I	P	C	T	O
F	N	R	C	C	M	F	I	E	N	H	A	K	E	R
M	I	S	S	B	I	X	O	S	E	S	S	S	P	N
U	C	Z	U	T	H	A	S	P	I	C	E	N	R	R
Y	E	W	M	X	S	W	G	I	I	H	W	L	S	O

Unicorn Moons

BEAVER MOON
BUCK MOON
CORN MOON
FLOWER MOON

HARVEST MOON
HUNTER'S MOON
PINK MOON
SNOW MOON

STRAWBERRY MOON
STURGEON MOON
WOLF MOON
WORM MOON

N	W	N	O	O	M	R	E	V	A	E	B	T	W	G
O	O	R	J	W	O	L	F	M	O	O	N	X	D	Y
O	R	F	L	M	I	R	L	P	Z	K	U	D	W	X
M	M	B	U	C	K	M	O	O	N	N	Q	P	B	V
Y	M	P	G	B	O	X	W	J	A	O	H	I	N	I
R	O	S	R	P	G	A	E	K	A	O	A	N	H	S
R	O	N	H	T	N	J	R	A	W	M	R	K	D	G
E	N	W	Z	F	U	W	M	I	O	N	V	M	Q	T
B	O	N	O	O	M	W	O	N	S	R	E	O	D	H
W	O	H	M	A	S	M	O	C	Z	O	S	O	X	X
A	Y	D	U	T	G	P	N	J	M	C	T	N	A	C
R	E	H	V	H	U	N	T	E	R	S	M	O	O	N
T	T	S	T	U	R	G	E	O	N	M	O	O	N	X
S	Q	E	O	Y	O	Q	X	M	C	M	O	A	K	W
A	A	V	M	J	B	W	X	J	I	K	N	M	V	C

Unicorn Jewels

AMETHYST
CITRINE
DIAMOND
EMERALD

GARNET
MOONSTONE
OPAL
PEARL

PERIDOT
SAPPHIRE
TOURMALINE
TURQUOISE

L	E	S	H	G	Q	T	K	Z	E	O	C	I	L	Z
A	H	G	K	T	D	I	A	M	O	N	D	R	R	L
P	J	T	O	E	U	A	E	E	B	U	A	W	W	Z
J	V	O	G	P	N	R	D	U	B	E	S	X	C	G
T	B	U	Y	I	A	O	Q	L	P	J	W	H	O	Y
S	Z	R	J	L	G	L	T	U	Z	T	T	O	E	X
C	F	M	D	H	U	D	J	S	O	E	I	T	R	O
Y	M	A	E	J	C	V	P	D	N	I	V	G	I	U
W	A	L	Z	I	Y	X	I	R	P	O	S	P	H	R
N	O	I	Q	R	Y	R	A	K	M	A	O	E	P	A
C	V	N	I	W	E	G	T	X	R	F	S	M	P	I
E	S	E	S	P	C	I	T	R	I	N	E	S	A	L
R	W	D	A	I	K	O	P	H	P	Y	L	U	S	E
M	F	F	A	Y	G	A	M	E	T	H	Y	S	T	R
Y	Z	A	S	P	N	Z	X	S	Z	R	L	I	O	L

Unicorn Hobbies

BAKING
BIRTHDAYS
BOARD GAMES
GALLOPING
HOPSCOTCH
MEDITATION
MOVIE-WATCHING
PAGEANTS
PLANNING PARTIES
READING
SURFING
VOLUNTEERING

P	U	Y	P	H	H	I	R	G	N	I	K	A	B	L
C	E	V	O	L	T	H	O	P	S	C	O	T	C	H
T	I	R	S	T	N	A	E	G	A	P	K	I	I	M
I	Y	G	N	I	D	A	E	R	R	O	R	F	T	M
Z	J	G	N	I	H	C	T	A	W	E	I	V	O	M
M	Y	G	L	J	C	B	K	Z	E	S	F	Z	U	F
C	B	I	R	T	H	D	A	Y	S	C	L	M	U	M
V	O	L	U	N	T	E	E	R	I	N	G	P	V	L
Q	Y	T	I	R	J	D	P	B	U	H	B	J	L	S
D	J	S	L	V	L	E	V	U	X	M	E	R	V	X
L	H	C	O	A	S	E	M	A	G	D	R	A	O	B
P	K	U	D	G	R	Z	P	S	U	R	F	I	N	G
P	L	A	N	N	I	N	G	P	A	R	T	I	E	S
N	G	N	I	P	O	L	L	A	G	V	K	Q	V	I
W	Q	R	M	E	D	I	T	A	T	I	O	N	N	M

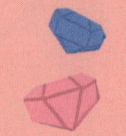

Dance, Unicorn, Dance

AUDIENCE
BALLET SHOES
CHOREOGRAPHY
COSTUMES
LEOTARD
LIGHTS
PERFORMANCE
REHEARSAL
ROUTINE
STAGE
TUTU
TWIRL

T	J	L	H	L	E	O	T	A	R	D	V	B	M	F
V	R	Z	E	M	O	Q	C	F	F	M	Q	J	J	L
L	S	K	J	X	P	F	E	O	H	O	R	G	M	X
I	N	F	S	I	E	J	X	W	S	L	J	U	K	L
S	X	R	T	Z	R	R	Y	V	L	T	R	T	N	I
F	C	G	A	S	F	M	A	N	A	T	U	I	B	G
N	O	W	G	B	O	D	C	W	S	F	U	M	W	H
Z	Q	E	E	I	R	J	D	F	R	W	P	Z	E	T
G	Y	T	L	Z	M	O	V	P	A	A	Y	V	U	S
T	R	Y	H	P	A	R	G	O	E	R	O	H	C	U
Y	T	F	P	A	N	B	M	Z	H	F	P	U	T	B
S	R	E	N	C	C	E	C	N	E	I	D	U	A	K
T	Z	M	H	E	E	B	H	Z	R	W	T	M	D	J
H	N	R	E	S	E	O	H	S	T	E	L	L	A	B
H	C	C	Q	W	W	F	R	O	U	T	I	N	E	G

Camp Unicorn

CLOUD FOREST
COMPASS
FIRE PIT
FORAGING
HIKING PACK
MOSQUITO NET
RANGER
SINGING
SLEEPING BAG
S'MORES
SUNRISE
YURT

M	E	E	X	V	C	C	T	G	R	H	C	U	A	G
A	D	N	G	C	L	H	C	E	J	U	W	Q	M	F
Z	M	V	C	Q	F	H	G	J	H	G	G	I	O	Y
M	O	G	E	K	Q	W	T	R	U	Y	N	H	S	L
Z	A	M	A	L	V	V	E	Y	O	W	I	I	Q	M
I	Y	T	Q	B	S	I	N	G	I	N	G	K	U	F
R	N	Z	I	A	G	Y	K	I	V	O	A	I	I	A
E	S	F	Z	P	A	N	L	X	R	P	R	N	T	X
G	S	E	O	S	E	N	I	I	L	Q	O	G	O	I
N	H	I	R	B	S	R	R	P	W	N	F	P	N	F
A	U	M	R	O	Q	A	I	R	E	E	K	A	E	D
R	K	S	R	N	M	K	P	F	N	E	U	C	T	R
E	N	Y	F	Y	U	S	V	M	Q	R	L	K	O	D
W	S	K	O	A	U	S	F	L	O	E	U	S	U	T
T	S	E	R	O	F	D	U	O	L	C	R	D	Z	Z

Unicorns Are ...

BEAUTIFUL FRIENDLY MAGICAL
BRAVE FUN RARE
CARING HARDWORKING RESOURCEFUL
ELUSIVE KIND TRUTHFUL

D	H	A	R	D	W	O	R	K	I	N	G	T	V	C
W	E	S	X	D	R	H	F	A	V	Q	G	P	B	G
D	V	Y	L	D	N	E	I	R	F	M	Q	C	Y	U
E	H	Q	T	Q	E	K	L	Y	D	U	T	F	B	I
G	E	R	A	R	F	G	Z	U	L	P	F	T	R	O
Y	L	H	J	I	U	S	A	A	S	P	O	M	A	Y
L	X	X	F	L	N	T	C	A	R	I	N	G	V	Z
O	C	I	A	E	P	I	H	Z	Z	D	V	G	E	O
H	S	X	Y	W	G	Q	O	F	J	S	J	E	M	B
V	F	B	E	A	U	T	I	F	U	L	N	N	Z	B
R	V	Q	M	G	G	G	M	D	U	L	W	Y	O	K
U	T	V	B	L	U	F	E	C	R	U	O	S	E	R
D	S	I	Z	K	I	N	D	D	O	L	R	X	M	U
K	L	N	P	C	A	W	R	S	I	D	J	F	D	G
Y	U	J	J	J	U	B	Z	W	J	Z	R	I	K	W

26

Baby Unicorns

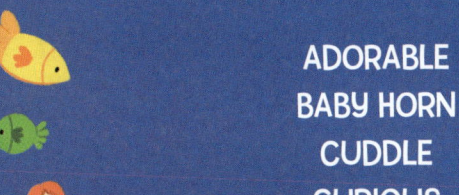

ADORABLE
BABY HORN
CUDDLE
CURIOUS

FLEDGLING
MILK
NAMING CEREMONY
NAPTIME

NEST
TWINS
WHITE MANE
WOBBLY LEGS

A	Z	N	M	V	T	B	R	Z	N	C	T	A	B	L
C	A	N	E	Z	K	W	S	E	A	Y	M	L	M	J
V	F	A	G	I	O	L	S	A	U	N	W	H	C	E
E	J	P	N	K	G	T	I	E	K	O	M	N	V	N
T	W	T	I	U	M	J	I	M	V	M	U	C	S	A
U	O	I	L	I	C	U	D	D	L	E	U	B	P	M
E	B	M	G	P	Z	E	L	B	A	R	O	D	A	E
O	B	E	D	N	P	J	I	W	I	E	F	J	D	T
T	L	L	E	P	R	F	S	O	H	C	L	H	N	I
O	Y	U	L	M	I	O	U	T	S	G	W	T	Y	H
K	L	H	F	E	E	S	H	L	W	N	G	Z	J	W
L	E	B	P	D	X	A	R	Y	E	I	M	C	G	I
Q	G	M	I	Y	R	U	D	B	B	M	N	G	S	U
W	S	A	A	H	H	X	V	Q	V	A	R	S	B	Q
Q	U	G	S	P	T	M	H	W	A	N	B	U	Z	U

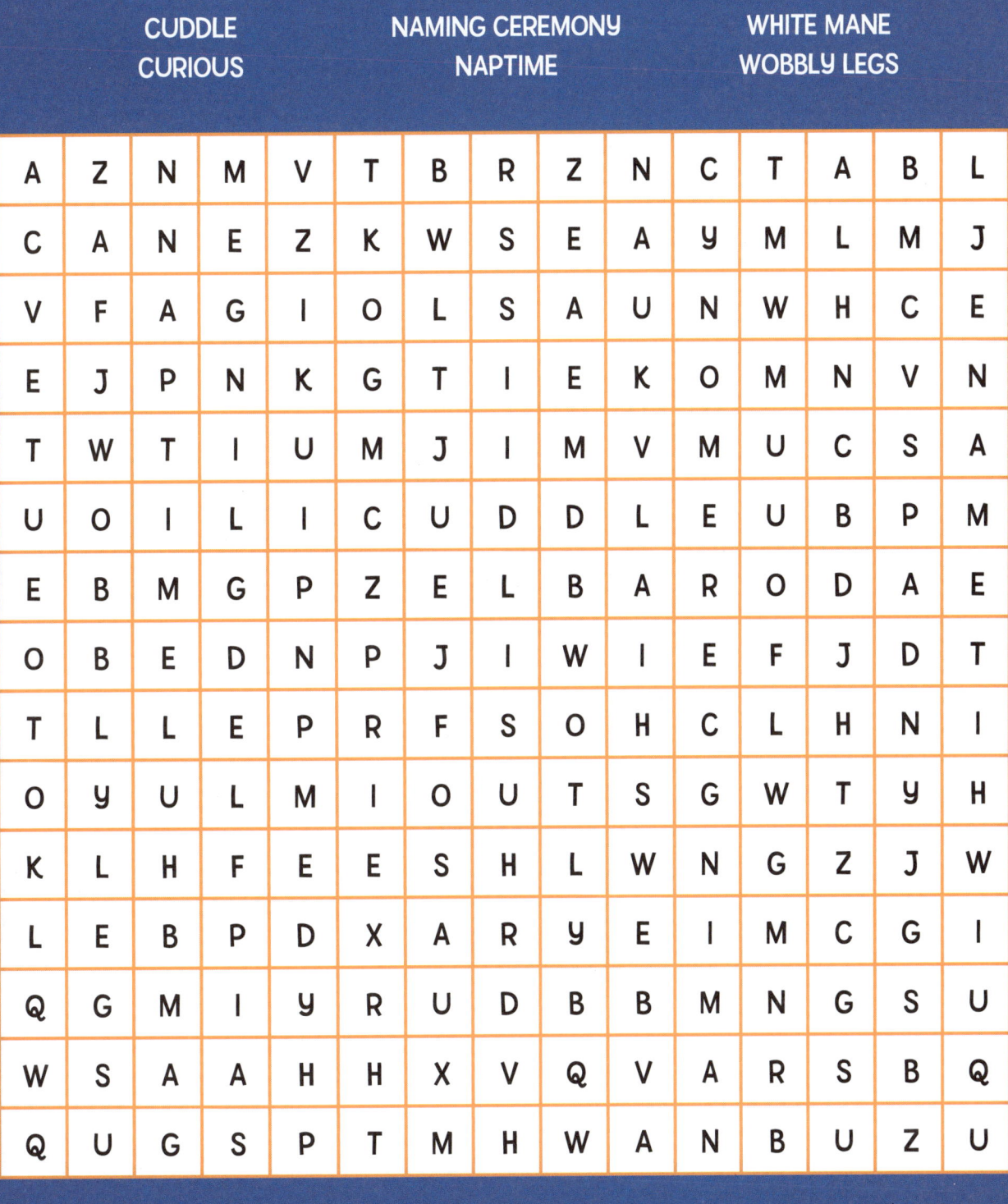

Unicorn School

ART ETHICS MAGIC
BOOKS FLYING MATHEMATICS
DRAMA FRIENDS SCIENCE
ENGLISH LEARNING SWIMMING

L	Q	P	R	H	M	K	K	B	Y	I	R	W	F	K
J	S	K	I	G	N	X	O	S	Y	Y	R	W	S	B
S	C	A	L	S	Q	T	X	G	G	N	I	Y	L	F
K	S	C	I	T	A	M	E	H	T	A	M	N	J	L
O	S	S	F	I	H	A	P	M	Y	G	W	O	M	D
O	T	U	S	R	S	S	W	C	H	G	F	A	J	B
B	R	N	C	M	I	X	I	F	O	C	R	N	L	U
A	I	J	I	C	Y	E	L	L	U	T	S	C	I	L
I	G	E	E	P	R	V	N	A	G	W	H	N	J	A
Q	H	T	N	C	E	C	H	D	I	N	P	B	J	M
I	L	H	C	I	S	T	S	M	S	N	E	A	D	A
G	I	I	E	J	X	D	M	V	H	C	F	R	W	G
C	V	C	A	I	M	I	B	T	W	B	A	I	R	I
N	X	S	K	F	N	J	O	S	E	M	S	K	Q	C
F	M	K	U	G	N	I	N	R	A	E	L	F	G	T

Solutions

19
Unicorn Party

20
Anatomy of Unicorns

21
Unicorn Moons

22
Unicorn Jewels

23
Unicorn Hobbies

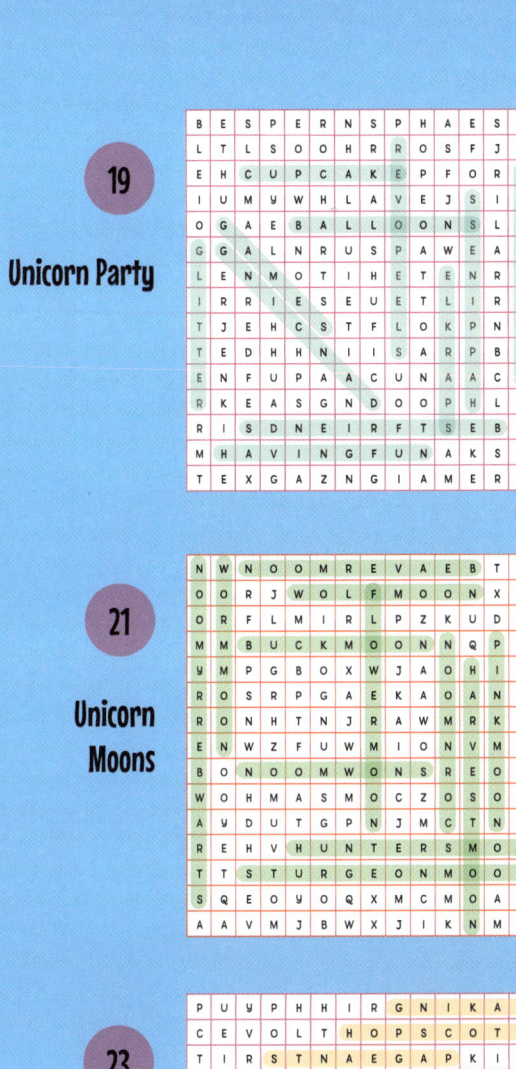
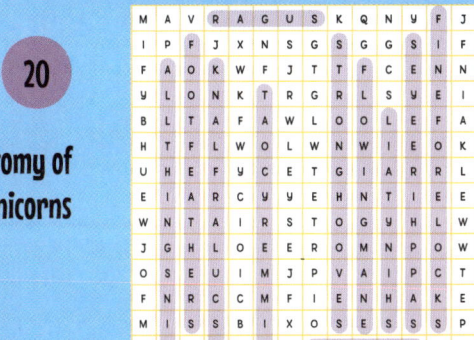

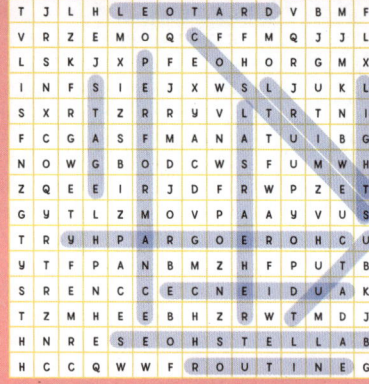

24

Dance, Unicorn, Dance

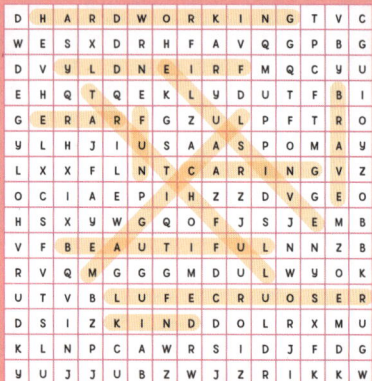

T	J	L	H	L	E	O	T	A	R	D	V	B	M	F
V	R	Z	E	M	O	Q	C	F	F	M	Q	J	J	L
L	S	K	J	X	P	F	E	O	H	O	R	G	M	X
I	N	F	S	I	E	J	X	W	S	L	J	U	K	L
S	X	R	T	Z	R	R	Y	V	L	T	R	T	N	I
F	C	G	A	S	F	M	A	N	A	T	U	I	B	G
N	O	W	G	B	O	D	C	W	S	F	U	M	W	H
Z	Q	E	E	I	R	J	D	F	R	W	P	Z	E	T
G	Y	T	L	Z	M	O	V	P	A	A	Y	V	U	S
T	R	Y	H	P	A	R	G	O	E	R	O	H	C	U
Y	T	F	P	A	N	B	M	Z	H	F	P	U	T	B
S	R	E	N	C	C	E	C	N	E	I	D	U	A	K
T	Z	M	H	E	E	B	H	Z	R	W	T	M	D	J
H	N	R	E	S	E	O	H	S	T	E	L	L	A	B
H	C	C	Q	W	W	F	R	O	U	T	I	N	E	G

25

Camp Unicorn

M	E	E	X	V	C	C	T	G	R	H	C	U	A	G
A	D	N	G	C	L	H	C	E	J	U	W	Q	M	F
Z	M	V	C	Q	F	H	G	J	H	G	G	I	O	Y
M	O	G	E	K	Q	W	T	R	U	Y	N	H	S	L
Z	A	M	A	L	V	V	E	Y	O	W	I	I	Q	M
I	Y	T	Q	B	S	I	N	G	I	N	G	K	U	F
R	N	Z	I	A	G	Y	K	I	V	O	A	I	I	A
E	S	F	Z	P	A	N	L	X	R	P	R	N	T	X
G	S	E	O	S	E	N	I	I	L	Q	O	G	O	I
N	H	I	R	B	S	R	R	P	W	N	F	P	N	F
A	U	M	R	O	Q	A	I	R	E	E	K	A	E	D
R	K	S	R	N	M	K	P	F	N	E	U	C	T	R
E	N	Y	F	Y	U	S	V	M	Q	R	L	K	O	D
W	S	K	O	A	U	S	F	L	O	E	U	S	U	T
T	S	E	R	O	F	D	U	O	L	C	R	D	Z	Z

26

Unicorns Are...

D	H	A	R	D	W	O	R	K	I	N	G	T	V	C
W	E	S	X	D	R	H	F	A	V	Q	G	P	B	G
D	V	Y	L	D	N	E	I	R	F	M	Q	C	Y	U
E	H	Q	T	Q	E	K	L	Y	D	U	T	F	B	I
G	E	R	A	R	F	G	Z	U	L	P	F	T	R	O
Y	L	H	J	I	U	S	A	A	S	P	O	M	A	Y
L	X	X	F	L	N	T	C	A	R	I	N	G	V	Z
O	C	I	A	E	P	I	H	Z	Z	D	V	G	E	O
H	S	X	Y	W	G	Q	O	F	J	S	J	E	M	B
V	F	B	E	A	U	T	I	F	U	L	N	N	Z	B
R	V	Q	M	G	G	G	M	D	U	L	W	Y	O	K
U	T	V	B	L	U	F	E	C	R	U	O	S	E	R
D	S	I	Z	K	I	N	D	D	O	L	R	X	M	U
K	L	N	P	C	A	W	R	S	I	D	J	F	D	G
Y	U	J	J	U	B	Z	W	J	Z	R	I	K	K	W

27

Baby Unicorns

A	Z	N	M	V	T	B	R	Z	N	C	T	A	B	L
C	A	N	E	Z	K	W	S	E	A	Y	M	L	M	J
V	F	A	G	I	O	L	S	A	U	N	W	H	C	E
E	J	P	N	K	G	T	I	E	K	O	M	N	V	N
T	W	T	I	U	M	J	I	M	V	M	U	C	S	A
U	O	I	L	I	C	U	D	D	L	E	U	B	P	M
E	B	M	G	P	Z	E	L	B	A	R	O	D	A	E
O	B	E	D	N	P	J	I	W	I	E	F	J	D	T
T	L	L	E	P	R	F	S	O	H	C	L	H	N	I
O	Y	U	L	M	I	O	U	T	S	G	W	T	Y	H
K	L	H	F	E	E	S	H	L	W	N	G	Z	J	W
L	E	B	P	D	X	A	R	Y	E	I	M	C	G	I
Q	G	M	I	Y	R	U	D	B	B	M	N	G	S	U
W	S	A	A	H	H	X	V	Q	V	A	R	S	B	Q
Q	U	G	S	P	T	M	H	W	A	N	B	U	Z	U

28

Unicorn Schools

L	Q	P	R	H	M	K	K	B	Y	I	R	W	F	K
J	S	K	I	G	N	X	O	S	Y	Y	R	W	S	B
S	C	A	L	S	Q	T	X	G	G	N	I	Y	L	F
K	S	C	I	T	A	M	E	H	T	A	M	N	J	L
O	S	S	F	I	H	A	P	M	Y	G	W	O	M	D
O	T	U	S	R	S	S	W	C	H	G	F	A	J	B
B	R	N	C	M	I	X	I	F	O	C	R	N	L	U
A	I	J	I	C	Y	E	L	L	U	T	S	C	I	L
I	G	E	E	P	R	V	N	A	G	W	H	N	J	A
Q	H	T	N	C	E	C	H	D	I	N	P	B	J	M
I	L	H	C	I	S	T	S	M	S	N	E	A	D	A
G	I	I	E	J	X	D	M	V	H	C	F	R	W	G
C	V	C	A	I	M	I	B	T	W	B	A	I	R	I
N	X	S	K	F	N	J	O	S	E	M	S	K	Q	C
F	M	K	U	G	N	I	N	R	A	E	L	F	G	T

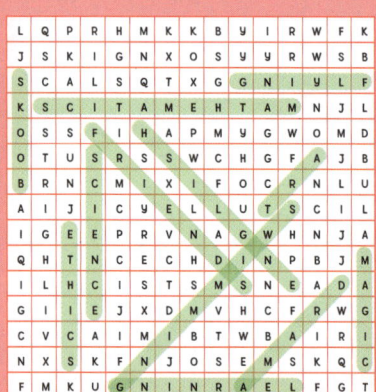

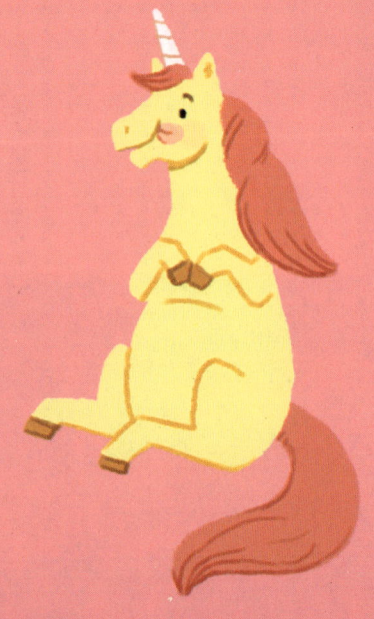